· 青春期自救手册 ·

阅读是我们的一部分

[法] 马蒂娜 · 加斯帕罗夫（Martine Gasparov）著
[法] 阿尔弗雷德（Alfred）绘　时征 译

中信出版集团 | 北京

图书在版编目（CIP）数据

青春期自救手册 . 阅读是我们的一部分 /（法）马蒂娜 · 加斯帕罗夫著 ;（法）阿尔弗雷德绘 ; 时征译 .-- 北京 : 中信出版社 , 2023.9（2024.4重印）
ISBN 978-7-5217-5829-0

Ⅰ . ①青… Ⅱ . ①马… ②阿… ③时… Ⅲ . ①心理健康－健康教育－少儿读物 Ⅳ . ① G444-49

中国国家版本馆 CIP 数据核字（2023）第 118159 号

青春期自救手册 · 阅读是我们的一部分

著　　者：[法] 马蒂娜 · 加斯帕罗夫
绘　　者：[法] 阿尔弗雷德
译　　者：时征
出版发行：中信出版集团股份有限公司
（北京市朝阳区东三环北路27号嘉铭中心　邮编　100020）
承 印 者：北京瑞禾彩色印刷有限公司

开　　本：787mm × 1092mm　1/32　　印　　张：1.25　　字　　数：16千字
版　　次：2023年 9月第 1 版　　印　　次：2024年 4月第 4 次印刷
京权图字：01－2022－3949
书　　号：ISBN 978－7－5217－5829－0
定　　价：13.80元

服务热线：400－600－8099
投稿邮箱：author@citicpub.com

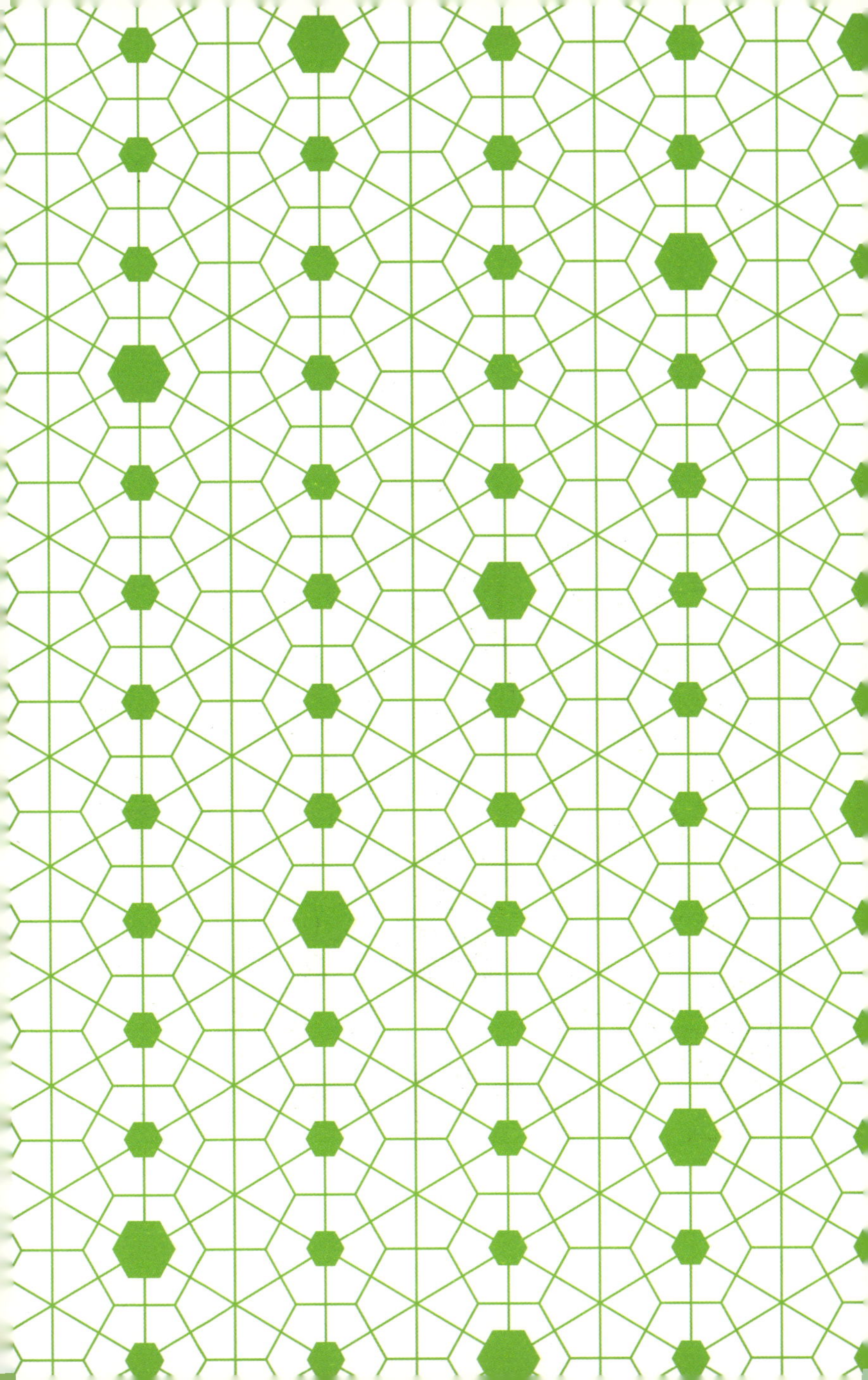

我们为什么离不开阅读？

“现在的人用来阅读的时间越来越少了”，当听到这句话时，我们是否应该反思一下，是不是每天总是沉浸在手机的世界里而无法自拔？不过，什么是阅读呢？只是单纯地辨认和理解我们面前的文字吗？它又涉及哪些智力和情感因素呢？我们为什么要读书？与新技术提供的众多娱乐活动相比，我们为什么要强迫自己进行一项看起来节奏缓慢而又乏味的活动呢？

阅读已经融入了我们的日常实践、社会组织以及交流和工作之中。然而，这种能力却并非起源于任何特定的基因。而且，与走路不同，阅读并不是一项必须掌握的技能。阅读与文字的出现息息相关，它出现于史前到约公元前 3500 年之间的这段时期。对人类来说，阅读算是一个相对较晚才出现的新鲜事物。

但是，作为一项重大的发明，文字对我们的

意义与其他在人类发展中做出了重大贡献的技术（如车轮、电力）却并不一样。它为什么会如此特殊呢？

阅读为什么能突破时空的挑战？

文字是一种实用的工具，可以将转瞬即逝的话语镌刻在石头上保留下来。拉丁语里有一句话“verba volant, scripta manent”，意思是：话语说完就消失无踪了,但用文字写下来就保留了凭证。它们是对逝去时光的真正挑战，保护了珍贵的遗产不被破坏和抹杀，并使后人有机会读到原本会随着作者一起消失的信息。法国埃及学家**商博良**正是通过对埃及象形文字的破译，才将此前鲜为人知的埃及文明呈现在我们的面前。没有文字的民族在这方面的传承短暂而不可靠：他们的历史采用口口相传的传统方式，由先人口述传达给后人，受制于人类记忆的多变性和易错性，甚至可能被后世遗忘。

阅读也是一种对空间的挑战。法国哲学家**保罗·利科**认为，对话总会拥有特定语境和特定对话者，而书面文字则能从“对话条件”中解放出来。这个“对话条件”不仅是指对话和表达的特定情境，同时也包括了特定的历史和地理环境。

书写赋予了被阅读的内容一定的自主性和普适性。作者的思想通过文字本身呈现出来，任凭众人去阅读和解读。

文字有什么作用？

然而，书面文字与写实的绘画作品不同，它并不是对语言的简单视觉复刻。据记载，最早的文字并不是散文或叙事文本，而是一些分类表格与清单，它能够帮人们更好地调控储备、清点资源、预测物资短缺……

文字的出现，使人们不再需要靠记忆力来记

住所有的事情。这样一来，他们就可以把脑力运用到其他精神活动中了。此外，书写也能帮助人们更好地运用自己的语言和思想。比如我可以像解几何题一样，对我的话语和想法进行分解、解析、综合阐述和构建。

英国人类学家**杰克·古迪**认为，书写不仅有助于改变我们的思维方式，也有助于人类社会的组织和发展："它是我们文明的基础……如果认为它的出现就像 15 世纪发明印刷机一样，仅仅是人类传播方式变革的一个次要方面，便低估了它在创造我们文明的过程中的决定性作用。"

书写和阅读首先是一种权力的体现。法国人类学家**克洛德·列维－斯特劳斯**在叙述他和南比克瓦拉人打交道过程中发生的一件事时就清晰地说明了这个问题。南比克瓦拉是一个美洲印第安人部落，他们没有自己的文字。在向部落的成员们分发了纸和铅笔后，列维－斯特劳斯注意到，这些人并不用它们画画，而是模仿他写在笔记本上的东西来画一些蜿蜒的线条。他们的首领在犹豫了片刻后也站起身来，假装去看列维－斯特劳斯写在笔记本上的东西，并试图与他商讨相互交换礼物和商品的问题。这说明部落首领很快就发现了文字的象征意义和它所具有的能量，所以想让人们相信自己已经掌握了它："他并没有认识、记住或理解这些文字，而只是想提高自己的声望和权威。"能够阅读的人通常是拥有知识的人。同时，他也能够借此对人和事进行操控，从而获得权力。

会阅读重要吗?

在一个没有文字的社会里，不识字显然不会构成问题，因为所有人都没有见过文字。但在一个以文字为基础的社会中，知道如何阅读是至关重要的。如果不识字，你怎么浏览社交网络？如果看不懂招聘广告也不会写求职信，你怎能找到

左……？
左边
左边！
左边

实习机会或工作？如果看不懂药物说明书，你怎能照顾好自己的身体？如果看不懂地图，你又怎么出门旅行呢？

有的人上过学，但没有掌握良好的阅读和书写能力，他们也属于文盲。这样的人脆弱而具有依赖性。他们总是试图通过回避的方式，不让别人发现自己的问题，但这样会让他们在人群中很不自在，也备感孤独。在法国，大约有十分之一的人是文盲，他们难以参与到社会和政治生活之中。互联网的发展加剧了这种排斥感，因为其中大多数操作都需要使用者掌握阅读能力。

> “一个文盲是脆弱而具有依赖性的。”

因此，懂得如何阅读，不但能够让自己融入社会，也让自己有能力自由行动和自主选择。正因如此，阅读才和书写、算术一样，成为儿童教育中必不可少的基础科目。

阅读有什么好处?

掌握了书写和阅读，标志着已完成从婴幼儿时期到“懂事的年龄”的过渡。通常，孩子会在 7 岁的时候学习阅读。

但阅读不仅仅是能够拼写单词或辨认印刷符号，更是我们做出明智判断所需的工具。阅读的过程本身就是一种学习。即便我们已经从书本上学到了很多东西，但学会更好地阅读能让我们收获更多。法国思想家**蒙田**认为，阅读不是对信息的被动记录，不是像“倒入漏斗”那样的知识填充，而是一个需要时间去消化、转化和同化的过程。例如，阅读和理解一部作品，不仅要能够复述作者所写的内容，而且要在阅读的过程中停下来，重新组织思想，抓住其中的问题、含义和难点，并用自己的方式做出解读。

阅读就是要实现这种内在的转变，让人能够像蜜蜂吸食花蜜并将其制成蜂蜜那样，把最初从别人那里得到的东西变成自己的（即字面意义上的“理解”），从而实现自主判断。如果你没有从阅读中学到知识并加以反思判断，以便让自己能够在日常生活中更好地思考和行动，那么这样的被动阅读就是徒劳无益的。阅读不仅使人变得更有学识,更重要的是,它还能使人变得更有智慧。

换句话说，阅读是一种不断探索和思考的过程，如果有人认为能在书中找到现成的真理而无须自己思考，那就大错特错了。对德国哲学家**伊曼努尔·康德**来说，启蒙运动（17 至 18 世纪发生在欧洲的一场思想解放运动）旨在以勇气和决心使自己摆脱人们所依赖的一切形式的思想或文化指导。

“如果有一本书能帮助我理解所有的东西”，我为什么还要自己去费力地思考呢？正是懒于思考、对自己的判断没有信心，以及不敢承担错误责任的心态，让我们盲从于“指导老师”的权威。因此，当阅读不是去唤醒我们的思想活动，而是要取代其位置时，它就会变成一种危险的行为。有时候，书籍也会禁锢思想，并使它固定下来，阻碍反思的进行。就像20世纪法国思想家**莫里斯·布朗肖**所描绘的那样，它会阻止思想在知识的芭蕾中伴随着那些动人的文字“轻轻起舞”。

如何享受阅读的乐趣?

将书籍简化为单纯的学习工具是一种错误的做法，甚至可以说是让孩子厌恶阅读的罪魁祸首。然而，让自己沉浸在一个传奇故事中，在晚上躲在被单下，拿着手电筒，跟随我们最喜爱的英雄们一起去冒险，是一件多么令人高兴的事啊！对法国作家**达尼埃尔·佩纳克**来说，书籍“是让你忘却淅淅沥沥雨声的世外桃源，是在地铁枯燥的节奏中消磨时间的无声翻阅，是被藏在抽屉里的

精彩小说，是老师在监督学生考试期间的片刻浅读，以及在教室后排等着交白卷的学生的伏案偷看……”，我们在阅读时投入的情感如此强烈，与书中角色的亲近感也如此强烈，以至于有时很难停下来！

惊心动魄、恐惧不安、怀揣梦想、满心希冀、疑虑丛生、恨之入骨、爱意绵绵……这一系列的感觉，我们都可以通过阅读惊险小说、科幻故事、诗歌等各种不同书籍体验到。在阅读一段和我们没有“交流”的文字时，我们也会“痛苦不堪”。但往往在几年以后，我们就会轻而易举地发现它的真实和有趣，从而更加醉心于它的独特和珍贵。

我们所喜爱的书籍是我们一生的忠实伴侣。我们有时可能会忽略甚至忘记它们，但它们却从未真正远离，因为它们承载着我们的一部分记忆，甚至变成了我们无法割舍的一部分。书籍留给我们的，除了它们讲述的故事之外，还有我们阅读它们的时间和地点，以及我们对儿时的印象，甚至还包括那些曾经鼓励我们阅读的朋友的样子。

阅读是如何丰富我们的精神世界的？

读一本书，就意味着要中断手头的活动，往往还要改变此前的姿势，坐下来，抽出点时间，放下周围的一切，让自己暂时与这个世界的喧嚣隔离开来，对即将要阅读的内容敞开心扉。从这个意义上说，阅读是一道门槛：打开一本小说，就像打开了一扇门；看到一个观点或一个故事，就像走进了一幢陌生的房子。如果我沉浸在手头的书中，就会出现一种奇怪的现象：我好像失去了我的身体，也忘记了自己的存在；我迷失在文字和阅读的世界中，忘记了其他人，甚至忘记了周围的一切。但是，按照古罗马哲学家**塞涅卡**的说法，阅读也是“能够停下来，和我自己逗留在这里”。因此，在与自己分离的同时，我发现好像离自己更近了。对于法国作家**普鲁斯特**来说，“只有通过艺术（和阅读），我们才能跳出自我，去了解其他人对这个宇宙的不同看法，以及那些我们一无所知的陌生风景”。

正是在这个意义上，阅读改变了我，或者说改变了我对世界的认知。

书籍就像一副眼镜或一个棱镜，我们可以按照自己的方式进行调整，以便更好地看到自己和周围的事物。如果没有它，我们永远不会看到自

> **阅读改变了我，或者说改变了我对世界的认知。**

己或通过自己去观察。因此，书籍允许人们通过这种去中心化和这种对他人意识的惊人接触来描述自己的愿望，更好地理解自己反感的事物或是改善自己的情绪。

文艺复兴时期的意大利政治思想家**马基雅弗利**也提到了这一点。在绝望的时刻，他将注意力转向了古人："我沉浸在阅读他们的爱情之中，他们的爱情让我想起了自己的爱情。"这种作者和读者之间的亲密对话，这两种形式的爱情体验之间的对话，是必不可少的。好的阅读，并不仅仅是让我能在所读的内容中找到自己生活的缩影，而是能够让我置身于那些原本不属于我的生活场景之中，甚至将它转化为我自己的经历、记忆、判断和感受。

在我们必须运用自己的智慧时，作者的智慧就戛然而止了。按照**普鲁斯特**的说法，"当他们把能告诉我们的一切都告诉了我们的时候，我们反而感觉他们还什么都没告诉我们呢”。因此，我们有责任在寻求真相的过程中走得更远。在这方面，阅读是精神生活的开始，它将我们引入精神生活，而不是构成它。

文字作为让我们得以在不同生活经历之间来回穿梭的桥梁，教会了我们更好地观察和反思。阅读远不是被动的，而是一种热情的精神活动！

阅读是一项孤独的活动吗？

更广泛地说，阅读就是学习如何与他人共处。生而为人，并不足以让我们与他人一起生活。通过阅读，我们记住了先辈们所做的伟大、美好而令人难忘的事情。我们将这些人类贡献珍藏在书籍中。这不仅仅是文献资料的存储，更是将它们保存在记忆中——这样一段共同的记忆，也构成了我的独特的故事。我之所以成为我，是特定的生活环境和个人化的决定所致，同时也是那些在把书打开。让它散发光芒，就是这样。……将书籍置于各处；教导，展示，示范；多开设学校；学校是文明的闪光点。

雨果（法国作家）

我之前的人的行为和决定的结果，例如，正是由于先辈们“抵抗”德国，法国人才得以保持自由。因此，将过去保存在图书馆中，通过我们的连续阅读使它重现，从而让自己了解我们来自哪里以及我们是谁。

我们如何通过阅读理解文化？

阅读过去的作品，还可以让我们从这些先辈的伟大思想中得到启发，记住他们对人类的贡献，保管好这些天才留给人类的财富。这，就是文化，至少它的原始含义是这样：“小心谨慎地看管和保护某样东西。”

提高自我修养，也是对先辈们表达一种崇敬。如果没有**伽利略**、**牛顿**、**笛卡儿**等我们之前所有科学家的那些发现所打下的基础，我们今天如何开展科学工作？正如法国哲学家**阿兰**所说，“让自己置身于伟人的影子之下”，并不意味着压制自己的独创性，而是恰恰相反。如果**拉辛**无视古希腊、古罗马文化，他能写出如此美丽的悲剧吗？如果不了解**柏拉图**的洞穴寓言和影片中提到的所有古代神话，《黑客帝国：矩阵重启》会被制作出来吗？但是，只有当我们知道这些创作源自何处，或者说，只有当我们自己有文化的时候，开展科学工作、阅读拉辛的著作、观看电影《黑客帝国：矩阵重启》才真正有意义。过去的文化使我的现在充满活力，是它造就了我的现在，赋予了我意义。通过阅读使文化重生就是要去理解它，并以它为基础构建未来。

“过去的文化使我的现在充满活力，是它造就了我的现在，赋予了我意义。”

那么对于那些认为文化只是“无用的虚饰”，阅读是浪费时间的人，要如何回应呢？只要想象一下，如果没有文化，没有书籍，没有对过去伟大思想的“纪念”，人类会变成什么样子，就足以看出，过去的文化是现在的我们以及我们社会

HUGO
DURAS
SAGAN
DURAS
Tome 1
V. HUGO
SENEQUE
SAGAN

的基础。

假设人们根本不再阅读这些伟大的作品，忘记了“这些伟大的记忆，这些诗歌，这些华丽的语言”（阿兰），那么他们就成了只活在当下，完全脱离了过去和未来的人。他们不知道如何预测自己的未来，也不懂得如何回顾过去。每个人都只关心当下的自己，听凭基本需求将自己限制在简单的生存层面上。他可能会对身体所经历的某些恐惧、愤怒、悲伤或喜悦的感觉做出反应，但他无力去想，更无力独立思考，也无法做出不受外部刺激影响的行为。他不知道他的同伴能为他做什么，也不知道在他之前的人所拥有的伟大想法，从而无法从中受益，也无法使它们延续下去，很可能无法将任何东西传给他的后代。

忘记过去，等同于忘掉了自己的人性。没有文化，就会变成一个自我封闭、只关心自己需要的人。因此，在书籍、博物馆或纪念碑中发现的记忆非常重要，这些记忆与人类过去的经验保持良好的阅读可以把你从一切之中拯救出来，包括你自己。

达尼埃尔·佩纳克（法国作家）

着联系。正是凭借这些记忆，我们才能创建并确认自己作为人类的身份。文化就像人类历史的指引，是人们赖以生存和进步的基础。

为什么越来越多的人不爱阅读了？

但是，用哲学家**汉娜·阿伦特**的话说，文化正“处于危机之中”。现代社会已经成为一个消费型社会，“闲暇时间不再用于提升自己，而是用来消费越来越多的东西……而这种消费的态度最终会毁掉所有的一切”。书籍本身已经成为一种文化产品，在具有精神价值之前，它就是一种商品。出版商对畅销书情有独钟，并非因为它们能给人类带来什么，而是因为它们所创造的利润。

> “书籍本身已经成为一种文化产品，即一种商品……”

从引人深思的、基础的和非物质的维度来看，文化拥有超越个人生命的永恒性，而现代性则更喜欢那些可销售、可交换、可盈利的消费品，这些产品是短暂和易逝的。消费社会将文化和休闲结合在一起，使文化对象变成了一种短暂的娱乐。畅销书往往是最有趣、最容易阅读的，这些书籍最不费脑伤神，读过之后很容易就被抛在脑后了。

因此，广义的文化也好，狭义的书籍也罢，它们的价值都与某个时代或某种潮流息息相关。然而，提升自我的文化修养，并不仅仅意味着对艺术感兴趣或读过很多书，而是要从超越个人及其利益的角度来评判和确定其价值：成为“一个知道如何在过去及现在的人、事、思想中选择同伴的人”（汉娜·阿伦特），并建立一个值得我们居住的世界。

因此，阅读不同于旅行或远足等其他爱好。文学是一种生活体验，能够从内在改变那些阅读它的人，使他们既能适应世界的灿烂辉煌，也能参与到世界的发展壮大之中。法语“作者”（auteur）

一词来源于拉丁语里的一个动词，那个动词的本意是“增加，增长”。因此，正如法国作家**达妮埃尔·萨勒纳弗**提醒我们的那样，“我们应该始终着眼于增长而不是限制，支持创造和……增加创造力，以保障我们的精神生活，让我们的生活充满奇思妙想”。

网络让阅读变得更方便了吗？

从这个意义上说，阅读不能像其他事物一样成为一种“文化实践”，也不能仅仅成为一种打发时间的消遣方式。数字技术的出现，让我们在这一点上必须保持警惕。尽管电脑是一个游戏和娱乐的平台，但有了互联网的存在，我们还可以通过它访问无穷无尽的书架，就像阿根廷作家**博尔赫斯**所设想的巴别图书馆一样，里面包含了由所有能想象出来的符号组合，以及用所有语言所创作的所有书籍。

在阅读时，我们总是喜欢走出自己的圈子，去旅行。

普鲁斯特（法国小说家）

但是，即使这项新技术（应该指数字技术）使所有书籍以及各种各样的资料都变得触手可及，但我们真的就能更方便地找到想要的内容吗？在古希腊哲学家柏拉图的《斐多篇》中，天才发明家塞乌斯告诉法老塔穆斯，他终于找到了一种对抗遗忘的方法。他创造了文字，通过文字将人类记忆从我们的头脑中“外化”出来，从而缓解记忆的压力。塔穆斯在对塞乌斯的聪明才智大加赞赏的同时，也注意到了他的发明所带来的逆反效果：将人类意识从这种脑力劳动中解放出来，可能会助长记忆的衰退和贫乏，并产生知识的幻觉。

文字将古人的知识保留了下来，使我们不必把这一切都记在脑子里，但懒惰的头脑可能会忘记自己思考，被动地将记忆及相关的思维活动都交给书籍完成。

在希腊语中，“文字”这个词有双重含义，它既是一种药，也是一种毒。其实，数字技术也同样如此。它构建了一个迷人的数据库，这的确要比我们一本一本查阅书籍更有效，更方便，但这里面的信息太多了，令人眼花缭乱，稍不留神就会得到错误的知识。从今往后，我们要如何区分真实和虚假，并正确理解我们看到的东西呢？

懂得阅读的人，就像拥有了双倍的人生阅历。

米南德（古希腊诗人）

在浏览网页时，我们有时很难将数据与知识联系起来并一一对应，并因此感到不知所措。令我们困惑的是，阅读不再是线性的（就像我们在书中逐页阅读一样），而是树状的（一下接一下地点击，可能会让我们迷失在复杂的页面跳转中）；当我们上网时，我们有时也很难知道什么是重要的，什么是不重要的，什么是可靠的，什么是不可靠的。

数字时代，阅读有什么意义？

法国哲学家**贝尔纳·斯蒂格勒**认为，数字技术确实是一种强大的工具，但它也使人类真正“无产阶级化”了，这个概念是**马克思**在19世纪阐述工人的工作条件时所提出的，即人不但被自己操控的机器所奴役，还因此失去了他的专业技能。数字技术真正起到的作用不仅是记忆的外化（跟文字之前所扮演的角色一样），还涉及演绎、分析或综合数据在内的其他推理能力的外化。算法

“数字技术是一种强大的工具，但也会让人丧失自我。”

现在已经具备了替我们“思考”的能力。人们似乎被迫陷入了两件事当中：开发数字技术，并被动或盲目地信赖它。

一方面，我们将不再独立思考，并失去一些像专注力这样的后天能力或素质。阅读需要专注力，这是一种真正的精神上的持久而缓慢的努力，但它不断受到现代技术碎片化、快速和便捷的相关操作的挑战。如果在屏幕上总是被电子邮件打扰或被诱人的广告所吸引，我该如何集中精神去阅读一段考究的文字呢？

另一方面，人们将复杂而耗时的操作交给算法和各种形式的人工智能，让机器指引自己做出选择，但这也使他们丧失了创造性和想象力，甚至剥夺了他们选择的自由，降低了他们的期望。当一切都按照我的习惯预先设定好了，无论是我走的路线、听的音乐还是看的电影，我还怎么确切地知道我想要什么？

我们应该只读那些咬伤我们、刺痛我们的书。
弗兰兹·卡夫卡（奥地利作家）

杰克·古迪提出过“图形理性”（源于希腊语的 graphein 一词，意思为书写）这个说法，以凸显文字给文明带来的深刻变化。如今，我们要讨论的是一种“数字理性”（计算、优化、合理化），它倾向于深入改造人类社会，改变人与他人及人与自己的关系，改变自己的感受和思维方式。

然而，人类有能力不让自己受制于其致力发

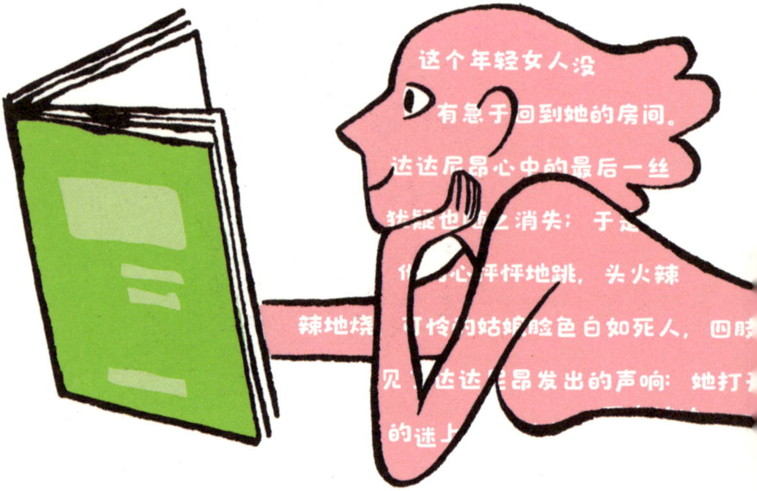

展而又对其构成威胁的事物。即使数字技术让我们越来越依赖计算和技术逻辑，但人类意识仍然让我们保留了自我决断的能力：我们会根据情感和道德标准做出选择，而这些标准恰恰展现出了人性的美好和脆弱、伟大和丰富。

也正是因为这个原因，阅读仍然是一个社会和生存的基本问题，为我们提供了不断反思自己想成为什么样的人以及想生活在什么样的社会的机会。

阅读提升了生活，就像盐可以提升一道菜的味道，让它变得更鲜美一样，但最重要的是，它让我们振作起来，让我们朝着更好的方向前进。

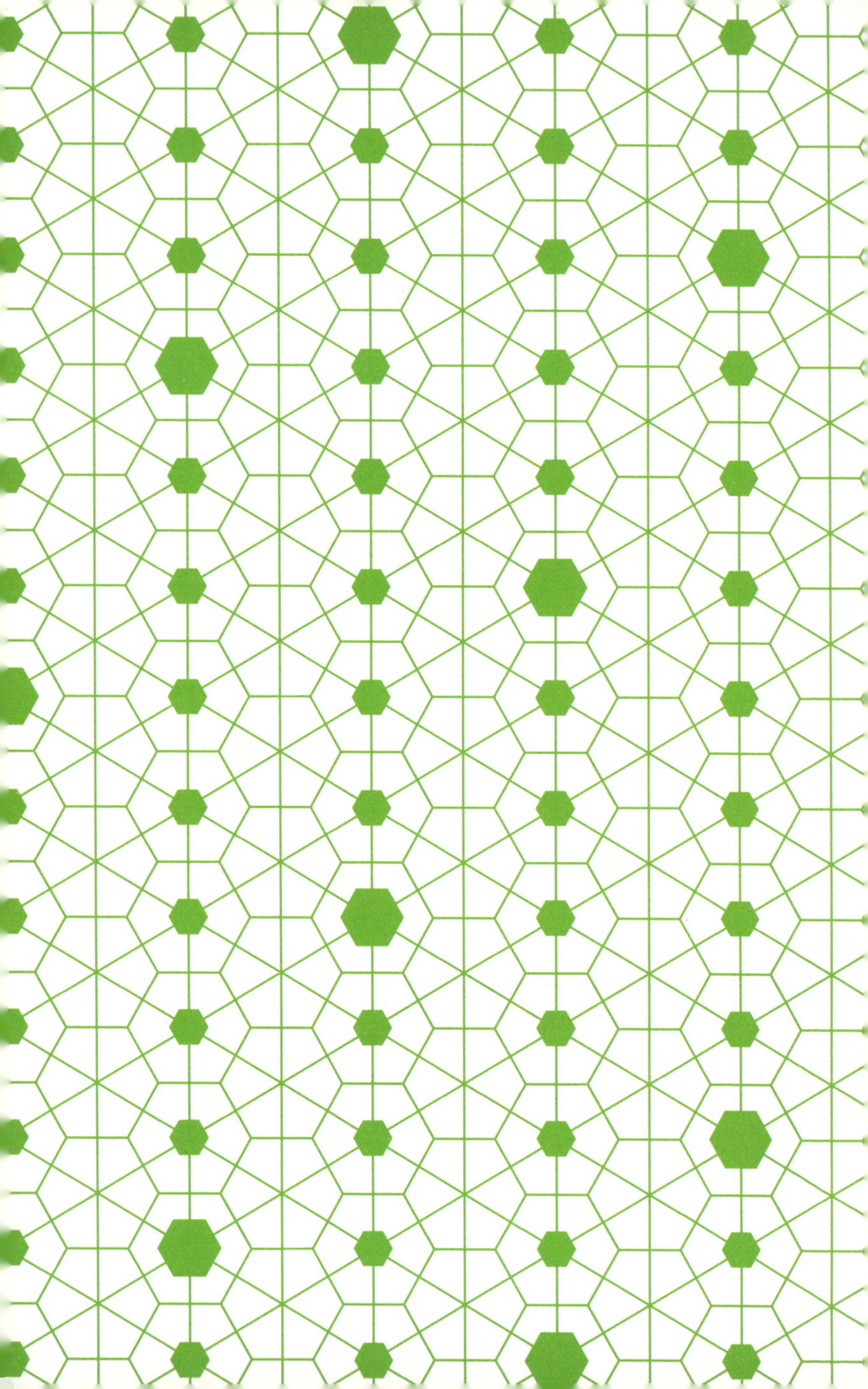